Esse livro não é sobre você, mas poderia ser

Jeany Mendonça

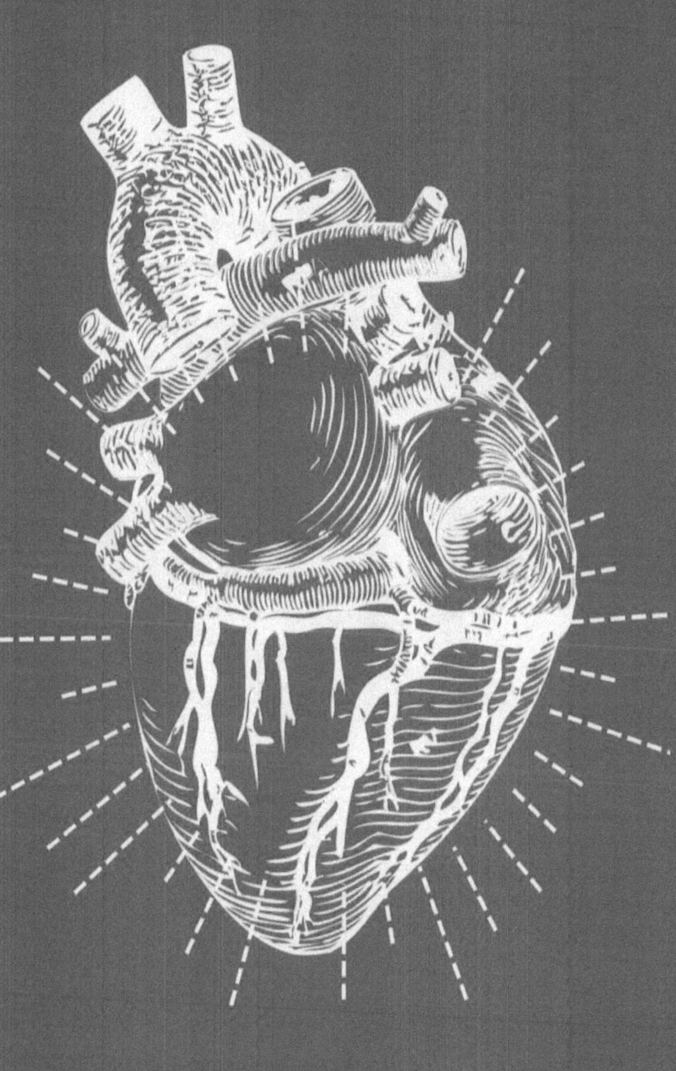

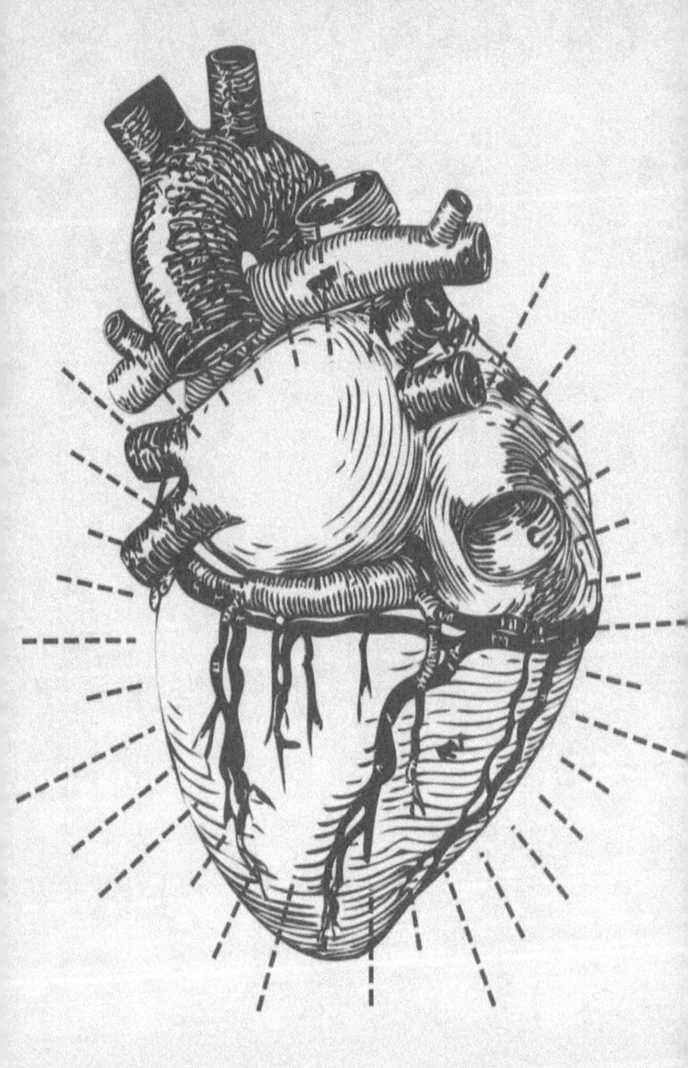

Sumário

Isso não é sobre você, mas poderia ser, por Jeany Mendonça

Aos que amam, choram e sentem

Esse poema não é para você

A cada palavra que escrevo
A cada lembrança que me vem
A cada palavra não dita
A cada lágrima derramada
A cada nó na garganta
A cada borboleta morta
Mas não a você

O estalo

Cansaço
Tempo que não passa
Em espera constante
esperança

Realização
não sou eu
nunca foi
nunca fui

Ampulheta quebrada

16 anos
8 meses
Indiferente, unificada, presente

16 anos
3 anos e 5 meses
Fragmentada, bipartida, dependente

20 anos
10 meses e contando
Marcela amou por 15 meses e 11 contos de reis
Talvez eu a alcance

ou continue com os trocados

Talvez esteja sendo injusta

três anos, cinco meses e uma semana
bom enquanto observava de dentro das
quatro paredes fechadas

três anos, cinco meses e uma semana
bom enquanto sentia que aquilo tudo
bastava

três anos, cinco meses e uma semana
bom enquanto me via presa
a essa realidade
não era ruim, pelo contrário

mas eu precisava de mais
e preciso

Caminhos errados

Me sentia segura
amada
Não era o suficiente

Me via manipulada
iludida
Busquei outros afetos

Fui ignorada, xingada, elogiada e até endeusada
mas nunca era como você

Descoberta

três pessoas e eu
me sentia pertencente e sozinha

uma pessoa e eu
me sentia parte e partícula

eu e eu
não sentia nem a mim

ele e eu
me sentia parte e todo

três pessoas e eu

finalmente me senti

Trilogia

o começo
toque no peito
cheiro no cangote
conversa à luz amarela

o clímax
mensagem de urgência
gritos e lágrimas
separação

alívio cômico
bebidas e bares ruins
riso à toa e cigarro
óculos perdido e recomeço

Só podia ser bem

Nem sempre você está bem
Nem sempre me diz bem o que pensa
Nem sempre você sente o que diz bem

Nem sempre eu quero saber se você está bem
Nem sempre te escuto pensando bem
Nem sempre eu digo o que sinto bem

Nem sempre, mas sempre meu bem

Estou indo

Você nunca diz quando vem
Aparece com aviso em cima da hora
Varre a geladeira
Faz uma bagunça na minha cama

Estou sempre à espera
Conferindo se tem mensagem sua com um...
Faço compras aprendo a cozinhar
Organizo minha camacoração

Então você vai embora
e tudo recomeça
até que gosto

Isso não é sobre você

Pedras escorregadias
Água congelante
Fundo profundo do nosso afeto

Sol cortante
Mosquitos insistentes
Rochas duras no meio do desnivelo caminho

Som da água caindo
Deitada observando
Me conhecendo em você no aqui

Novas velhas experiências

medo de criança
conflito entre meu eu de cinco anos
meu eu de agora

eu choro e procuro pelo ponto seguro
você me encontra perdida e me empurra
pra frente

quebro os dedos
escorrego em desespero
borbulho de angústia
e
me perco

mas sempre em você

Incompleto

dirigindo por horas
falando besteira
cantando a plenos pulmões

buscando refúgio, sossego, conexão
montamos barraca
levantamos acampamento

nos perdemos em trilhas
e nos achamos ali
mas não era eu nessa viagem

Quadrilha

eu que amo ele que ama ela
ela que ama ele e mais um
um que não ama ninguém

eu que me reservo e me reservam
ela que não ama ele nem mais um
ele não ama mais um nem ela
um que não ama ninguém

eu que me engano e sou enganada
ela que ama antes e ele também
um que não ama ninguém
eu já não sou amada

é uma pena que acabou

anos juntos
de repente mais uma

meses juntos
de repente separação

ficaria triste por você
mas meu ego não me permite

Eu não merecia mais

Eu estou cansada
muito
cansada
Não estou dizendo que não quero mais
só estou cansada

9.0.2

escuridão
lata apertada
janela semiaberta
um respiro

escuro
fila dobrada
multidão inquieta
um suspiro

claro
costela acotovelada
cansada poeta
um desespero

Quatro atos

Leituras, aulas, textos, provas
Aulas, textos, provas, leituras
Aula, textos, prova, leitura
Aula, prova, leituras
Leituras, aula, prova
Prova, leituras, aula
Provas, aulas, leituras.

Não se preocupe, vai ficar tudo mal (pior poema já feito)

Nunca pensei assim
Nem mesmo cheguei a imaginar
Será que mudei ou tudo foi mudado?

Jamais passou pela minha cabeça
Sempre foi o oposto
Mas bastaram três horas e meia

Tudo vai dar errado

Voltei

Fim dos dias intermináveis
Das leituras truncadas
Das escritas direcionadas
Dos números bagunçados

Recomeço no riso inicial
Das gracinhas infantis
Do rosa no quadro
Dos gritos cansativos mas
escutáveis

Final

Madrugadas sem dormir
Esperando uma mensagem escrita

Dias sem solução
Procurando um caminho que coubesse nós três

Noites com calmaria

A torrente já passou

Recomeço

Eu gosto quando você me chama
Meu bem
Vamos no mercado, na feira, no bar
Encontrar umas caixas por aí

Limpamos seu apartamento,
Desviamos o caminho e empacotamos
Tudo
É um novo começo e eu me sinto bem

Intimidade mais íntima

Um vinho barato
Uma comida caseira e doce passado

Música alta
Você prepara o jantar e eu danço

Desenho infantil
Comemos e somos comida

Eu quero tudo

Todas as breguices, as dores e amores
Todas as lágrimas derramadas
Todos os risos de madrugada

Eu quero o meu bem
o meu amor, a princesa e
até o chato

Quero esse amor com todas as bonanças
e intempéries
Mas só quero se for o meu amor
na sua boca que é mais

doce

Rotina

Bebemos no sábado
Caminhamos no domingo
Trabalhamos na segunda
Ligamos na terça
Rimos na quarta
Desabafamos na quinta
Amamos na sexta

faria tudo de novo com você

Desequilíbrio

Mato plantas
esbarro em quinas
esqueço a ração do cachorro

Perco cartões
ignoro boletos
quebro as unhas por fazer

Não sei cuidar de mim
esqueço até de quem sou
mas sempre lembro de você

Aguardando

Ainda existem resquícios
Feridas abertas
Jamais fechadas
De quando ainda estávamos presos

Agora eu quero me ver
Livre
Liberta decom você
Nos reconstruir

Paciência

Atrasada
Deslocada
Correndo contra o tempo com os pés
amarrados

Exagerada
Desesperada
Tentando alcançar todos os aeroplanos sem
uma asa

Me torno o pior de tudo por querer muito
agora

Não preciso mais esperar

crianças
casamento
namoros longos
e eu ainda esperando por você

nunca quis filhos
véu ou grinalda
intimidade familiar
e agora espero por você

se é Cecília ou Joaquim
festa ou viagem
primeiro encontro
e em que casa passar o natal

e eu me odeio por isso

Isso não é uma declaração de amor
Isso não é a declaração de amor
Isso não é declaração de amor
Isso não é uma de amor
Isso não é uma declaração
Isso não é de amor
Isso não é um amor
Isso não é amor
Isso é uma declaração de amor
Isso é a declaração de amor
Isso é declaração de amor
Isso é uma de amor
Isso é a declaração
Isso é de amor
Isso é um amor
Isso é

Sim, eu também sou louca

Me afogo em mim enquanto
me arrumo pra te ver

Me afogo em mim com a
possibilidade de sair

Me afogo em mim fora
dos planos

respiro

nem foi tão ruim assim

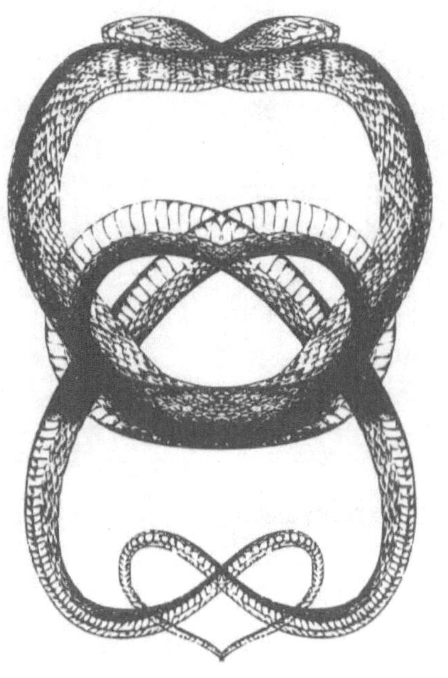

Já passou e obrigada

Deitada
te senti em mim
olhos entreabertos
Mão deslizante escuro assustador

Clarão
nós dois e dor que desatina e dói
então você me deixa
e eu sorrio

Ainda não passou, nem passará

Todos os dias ainda sinto uma mão no escuro
Permanece em mim aquele olhar vidrado
Aquela dor que acompanha meusermulher

Todos os dias você me vem de outros modos
Reproduzido e escondido
em outros agires, dizeres e modos

Todos os dias ouço o discurso travestida em piadas e floreios
Ferida no meu corpo, marcada feito bicho
indo para a ginecomorte

Falência feminina pelo fálico

Ambiente masculino
Cercado de bolas por todos os lados
Truculência do ser macho

Roda de conversa
Pautada em fotos no celular de uma buceta precificada
Fragilidade do ser feminino

Comentários constantes
Dilacerada pela idade e pela maldição do fêmeo
Fortaleza presente no grito

mas uma lágrima cai

Não é não

Não é um bom dia para ser mulher
Não é uma boa semana para ser mulher
Não é um bom mês para ser mulher
Não é um bom ano para ser mulher
Não é uma boa vida sendo mulher

Novos ares poluídos

Encontros passados atuais
Pé sujo e vinho ruim

Risadas novas desconhecidas
Cerveja derramada e lentidão

Lua florida divina
Mas não era você

Hiatus

Sábado, domingo
Segunda ligação

Terça
Grito burrice

Renascimento
denovodenovoedenovo

Orações

Eu olho nos seus olhos
e não sei mentir
Olho nos seus olhos
e me vejo de perto
cada vez mais eu
olho nos seus olhos
e encontro o riso, o choro,
a raiva, a felicidade
estampada
como quem espalha por aí a marca que usa

Me abraço
nos seus abraços
como quem procura
casa

Descanso no seu peito
como se fosse cama

arrumada
depois de um dia de limpeza

Sinto seu cheiro de pele
suada
misturado ao meu
na tentativa de registrar

toda lembrança do
ser
nós

Sou aquilo que gostaria de ser

com quem eu gostaria de ser
que é aquilo que gostaria de ser

comigo que

sou

com quem gostaria de ser

Esse poema é para você

A cada palavra que apago
A cada lembrança que esqueço
A cada palavra dita
A cada lágrima segurada
A cada amarra rompida
A cada borboleta nascida
E a mim.

Posfácio

Escolhi publicar esses textos depois do incentivo de um professor maravilhoso que tive na faculdade (Obrigada pelo apoio, Sinval!), mas, ao chegar ao fim, perdi a certeza dessa publicação. Isso não por achar que são ruins ou que não valem a pena ser lidos, mas por tratar de algo tão subjetivo e tão íntimo da minha vivência.

Esses textos não revelam necessariamente coisas pelas quais passei protagonizando, apenas mostram minha percepção sobre diversas situações que me circundam e daí vem também o receio em os publicar. Além disso, sempre fui uma pessoa discreta, não gosto de falar sobre como me sinto ou até ser quem sou dependendo da companhia, então, essa exposição não é fácil, principalmente tratando-se de familiares.

Decidi publicar mesmo com todas essas hesitações graças ao apoio de mulheres incríveis que me incentivaram desde o início e também de um amigo muito querido que sempre será lembrado.

Agradeço a vocês por fazerem parte disso.

Carol, Brenda, Paula, Giovana e Bruno.

www.ingramcontent.com/pod-product-compliance
Lightning Source LLC
LaVergne TN
LVHW040920150826
845672LV00007B/2126

* 9 7 8 6 5 0 0 8 0 2 1 4 6 *